L'AN 2073

AU BOUT DU FOSSÉ!!

CLICHY — Imprimerie PAUL DUPONT, 12, rue du Bac-d'Asnières.

LA COMMUNE

EN

L'AN 2073

AU BOUT DU FOSSÉ !!

PAR

MARICOURT

PARIS

LIBRAIRIE GÉNÉRALE

DÉPOT CENTRAL DES ÉDITEURS

72, BOULEVARD HAUSSMANN ET RUE DU HAVRE

1871

L'AN 2073

AU BOUT DU FOSSÉ!!

Ce fut le 1ᵉʳ novembre à 10 heures du matin, après la lecture du journal, que je me décidai à cette grande opération ; à cinq heures du soir, je vidai la coupe fatale (pardonnez-moi cette expression vieillie, souvenir de mes lectures classiques). Le fait est que je bus dans une tasse vulgaire à fleurs bleues, un peu égueulée, portant des traces de mauvaise dorure. Mais qu'ai-je bu? Je ne veux pas donner la recette : on en abuserait.

A six heures précises, je perdis conscience de moi-même, et le dernier son terrestre frappant mon oreille fut celui de la cloche du dîner. J'avais passé la journée à écrire mon testament ainsi conçu :

« Mes chers enfants, je suis fatigué d'entendre tout le monde se répéter : Où allons-nous, grand Dieu! Qu'est-ce que l'avenir nous réserve? Pauvre France, déchirée par l'ennemi et par les mains plus cruelles de ses propres enfants ; pauvre France, que deviendras-tu? — L'avenir est à Dieu, c'est évident, mais il n'y a pas de mal à interroger Dieu sur cet avenir, et le plus sûr moyen de le connaître, c'est d'assister soi-même aux événements futurs. Je veux savoir ce que la France deviendra dans deux cents ans. Eh bien, je vais m'endormir pendant deux cents ans et ma curiosité sera satisfaite. Il est vrai que je ne pourrai pas répondre aux interrogations alarmées de mon voisin qui, chaque matin en me passant le journal, pose la sempiternelle question : « Où allons-nous ? Que deviendrons-nous ? »

« Il faut vous dire que j'ai toujours été profondément libéral, attaché aux idées de progrès d'émancipation des peuples ; mais j'ai rencontré tant de petites couleuvres dans l'application de ces idées, que, ma foi, je ne sais pas trop si je suis rouge ou blanc. J'aurais bien crié : « Vive Henri V ! » tout comme un autre, si la chose avait pu se décider, comme je crie : « Vive le Président ! » d'autant mieux que je n'ai rien à demander ni à l'un ni à l'autre. Dans deux cents ans faudra-t-il être rouge ou blanc ? Est-ce l'avenir qui triomphera ? Est-ce le passé qui sera renaissant de ses cendres, comme un vieux phénix déplumé ? Nous le saurons. Vous avez entendu parler du fakir indien qui se procurait une léthargie artificielle à volonté. Beaucoup de savants nient le fait. Qu'importe ! Il existe, malgré les défenses de l'Académie des sciences, tant et si bien que j'ai retrouvé la formule du fakir et que je vais me l'appliquer tout à l'heure.

« Partagez-vous mes biens et agissez comme si j'étais mort. Faites en sorte que chacun me croie bien et dûment enterré, et gardez le secret le plus absolu sur toute cette aventure. Je vous dis adieu, car dans deux siècles d'ici vous aurez deux cents et deux cent vingt-cinq ans ; depuis les patriarches on a perdu l'usage de ces baux à longue échéance, mais mariez-vous, ayez des enfants et transmettez-leur mes instructions. Je vais me retirer dans mon petit cabinet et m'y endormir ; je m'y enfermerai à double tour. Que la curiosité ou l'amour filial ne vous fasse pas enfoncer la porte pour contempler mes traits chéris et vénérés, baigner mon visage de vos larmes, etc., etc. Tout ceci, en introduisant une dose d'air supérieure à celle que comporte la formule, compromettrait le succès de l'expérience. La porte de mon cabinet doit être murée, masquée par une boiserie ; la fenêtre extérieure sera également bouchée ; si bien qu'un étranger ne puisse supposer l'existence de cette petite pièce, qui doit être comme une cloche de machine pneumatique. Tâchez de bien vivre ; mais surtout ayez des enfants. Que l'aîné de la famille, le 1er novembre 2073, à six heures précises du soir, fasse son entrée par la porte préalablement démurée ; que la fenêtre extérieure soit débouchée. Qu'il se présente sans crainte et se tienne prêt à me répondre ; il trouvera à qui parler. »

(Ici quelques détails très-minutieux sur les précautions à prendre pour le moment solennel.)

« Adieu, chers enfants, encore une fois, et que Dieu vous bénisse. Que le petit-fils chargé de me réveiller n'ait pas des façons trop brusques, non plus qu'un air cafard ou patelin, car une sensation désagréable pourrait être dangereuse.

« Fait à Senlis ce 1er novembre 1873.

« *Signé :* Jean-Nicolas PRAQUIN,
« *Ex-conseiller municipal, archéologue et philosophe.* »

« *P.-S.* — J'ai horreur des arbres généalogiques qui nous rappellent certaines vanités nobiliaires désormais noyées dans les flots du progrès, mais soignez bien celui de notre famille, afin qu'au réveil je sache quel sera mon interlocuteur.

« P.-S. n° 2. — Que ma robe de chambre soit mise dans le poivre, mes grandes bottes revêtues d'une forte couche d'huile de pied de bœuf, et qu'à tout hasard on sauvegarde une demi-douzaine de bonnets de coton. »

Je pliai, mis sous enveloppe, scellai avec cinq grands cachets noirs et portai le tout dans la salle à manger, d'une manière très-apparente, pour qu'à l'heure du dîner ma famille prit connaissance de mes volontés; puis, comme je viens de le dire, je m'enfermai dans mon cabinet.

Ce réduit était fort exigu, mais j'y avais accumulé beaucoup d'objets curieux et bizarres (simple manie d'archéologue philosophe) : des doubles louis frappés sous Pharamond, des sabres océaniens, lanternes chinoises à face grimaçante, fœtus à deux têtes dans des bocaux d'esprit de vin, la photographie d'un jeune homme que j'avais recueilli chez moi et qui n'avait jamais cherché à troubler ma famille, celle d'un éditeur enrichi sans avoir fait banqueroute, celle d'un fournisseur de l'armée réduit à tendre son casque aux passants, le portrait d'un ami auquel j'avais prêté de l'argent et qui ne m'avait pas tourné le dos; celui-là je l'avais fait peindre à l'huile, et en pied, je lui eusse fait faire une statue équestre, n'eût été l'insuffisance du logement.

J'étais même parvenu, par certains moyens très-ingénieux, à conserver la langue d'une femme qui n'avait pas médit, la modestie d'un poëte, la bienfaisance d'un banquier, de la concision d'avocat, la virginité d'un président de cour d'assises, l'utilisation d'un sous-préfet, les services rendus au public par un receveur, enfin quelques bons mots d'un Allemand et du saucisson de 1812.

Je laissais errer des regards vagues, demi-inconscients sur toutes ces choses, tandis qu'une pesanteur forte mais douce paralysait peu à peu chacun de mes membres et que des bourdonnements lointains, comme la houle de la haute mer, m'arrivaient aux oreilles. Mes yeux commencèrent à se troubler, et le dernier objet que je distinguai clairement fut mon sabre de mobile pendu au mur, et je sentis un léger arrière-goût des pommes de terre qu'il m'avait aidé à arracher pendant l'hiver de l'invasion. Cette sensation elle-même s'effaça pour faire place au rêve, et l'esprit fixé vers l'avenir que j'allais interroger, je me disais : « Se trouve-t-il dans l'océan du monde politique un homme convaincu, honnête et désintéressé? » Et sur les flots de l'océan ainsi évoqué je voyais nager quelques figures d'hommes connus de différents partis, et parfois un visage sympathique se dressait effaré, plein d'angoisse, au-dessus de l'écume qui le fouettait. Ils sombraient les uns après les autres, tandis qu'étendant la main je cherchais à les retenir par la chevelure et à les sauver de l'abîme, mais mes doigts se refermaient les uns contre les autres et il ne me restait plus à la main qu'un faux toupet.

Et le premier coup de six heures sonna à la grande horloge du vestibule, et la cloche du diner se mit en branle..... Je crois bien que, saisi d'une terreur subite, j'appelai Joseph, mon fils aîné, mais Joseph ne put m'entendre car le son était figé dans ma gorge. J'essayai à plusieurs reprises et d'une voix agonisante, je parvins à dire : Jos.....

1ᵉʳ novembre 2073, 6 heures du soir.

.....eph! Joseph! Cette fois, le mot sortit à plein gosier. Six heures sonnaient.

— !Me voilà, citoyen ancêtre, répondit une voix grêle, et la porte tomba.

Je vis à la clarté d'une lumière électrique dont je ne pus savoir où était le foyer, un petit homme légèrement voûté, à la barbe couleur d'acajou mêlée de quelques poils gris, portant de grosses lunettes, vêtu d'une sorte de vareuse terne en gutta-percha ; il y avait quelque chose de malingre, de rechigné et pourtant de superbe dans l'expression de ses traits. Il me regardait attentivement sans trop de curiosité et semblait attendre que je lui adressasse la parole. Quant à moi, par une rapide opération d'esprit, je m'étais remis en situation ; tout le passé m'était apparu et d'un ton calme je lui demandai :

— Ainsi donc, je vois en toi un de mes petits-fils ou arrière-petits-fils et tu t'appelles Joseph, comme mon fils aîné?

— Citoyen, me répondit le petit homme de sa voix ténue comme si l'effort lui eût été pénible, j'aime à croire que je suis ton parent, mais à cet égard nous ne pouvons rien affirmer parce que la nation a aboli les ancêtres, vu que tout le monde ne pouvant se payer un tel luxe, conserver ce privilége serait contrevenir aux lois de l'égalité.

— Mais enfin, tu portes sans doute mon nom de famille; tu es, je l'espère, un Praquin, et un bon, comme on l'était chez nous?

A ces mots, il sourit et tira d'un petit portefeuille une carte de visite.

— Je t'ai appelé ancêtre, me dit-il, parce que tu appartiens évidemment au vieux monde que nos pères ont renversé, mais il n'y a plus de noms de famille, ni de généalogie chez nous.

Et il me tendit sa carte sur laquelle je lus :

A". Cressonniers (Joseph), 225. Citoyen.

— Et voici, ajouta-t-il, la carte de ma compagne :

A". Cressonniers (Joséphine), 225. Citoyenne.

— Quel diable de galimatias ! Vas-tu m'expliquer ?...
— Oui, l'ancien, mais laisse-moi respirer.

Ici, tirant de la poche de sa vareuse une fiole bouchée à l'émeri, il la porta à son nez en me disant par manière d'explication :

— Grâce à la multiplicité des fabriques, à l'énorme accumulation d'êtres sur un seul point, et au mode spécial de nos constructions, que je te ferai bientôt connaitre, la dose d'air respirable est insuffisante, à moins que nous n'allions en ballon ou sur nos terrasses, aussi avons-nous des fabriques d'oxygène et d'azote, des réservoirs publics d'air comprimé où chacun vient remplir sa bouteille moyennant un prix convenu. Sois tranquille, cet air te sera suffisant pendant quelques heures. Maintenant voici la signification de nos cartes :

« Le quartier de Paris que nous habitons correspond à la lettre A", et *Cressonniers* indique le pâté de maisons où nous sommes logés; quant à Joseph, je vais te dire.....

— Un instant, mon garçon. Tu me parles de Paris et je sais bien que je me suis endormi à Senlis, département de l'Oise, au rez-de-chaussée de ma maison, dans un petit cabinet adroitement pratiqué dans l'épaisseur du mur; que ma maison était entre cour et jardin, qu'en face coulait une petite rivière appelée la Nonette. Il ne faut pas m'en conter, entends-tu, sans quoi je me fâcherais, et j'ai toujours eu les poings solides.

— C'est ainsi, reprit mon interlocuteur, que dans vos siècles barbares, où la brutalité remplaçait la logique et où la force se substituait au droit, vous avez fait sombrer votre vieux monde pourri, mais comme je pourrais t'asphyxier instantanément avant que tu ne te soulevasses d'un demi-centimètre, laisse tes poings en repos et écoute-moi.

J'étais irrité de son ton suffisant et goguenard en même temps que prétentieux, d'autant plus que pendant mes deux siècles de sommeil, la langue française avait subi une étrange métamorphose. Figurez-vous que le jargon parisien, l'argot populacier qu'imitent si drôlement au théâtre du Palais-Royal nos bons comiques, était le langage employé par mon interlocuteur, avec son grasseyement spécifique appuyé de gestes d'une désolante trivialité. Je ne fais que traduire en français tous ses discours, pour être intelligible tout en conservant quelques-unes de ses expressions. Ce fut donc avec un certain agacement nerveux que je m'écriai :

— D'où te vient cette familiarité à mon égard; pourquoi te permettre de me tutoyer? Aucun de mes enfants ne l'eût osé, et toi, méchant gringalet, tu as l'air de me narguer!

A cette apostrophe il sourit, et d'un ton de franche bonne humeur il répondit :

— De quoi? et ta sœur?... Vieux pante !!! As-tu donc plusieurs individualités à toi tout seul, plus d'un nez, d'une bouche, de deux yeux, de deux oreilles pour que je te parle au pluriel comme si tu étais un groupe d'hommes? C'est là une erreur de grammaire et de bon sens depuis longtemps abandonnée et qui rappellerait les tristes âges du privilége et du capital. D'ailleurs, si un de nos censeurs m'entendait dire *vous* à qui que ce fût, je serais condamné à une petite amende de dix mille francs. A la rigueur, nous pourrions réserver ce pluriel pour Dieu (ici il baissa la voix) puisqu'il constitue, paraît-il, un tout en plusieurs personnes. Je viens encore de commettre une grosse faute en prononçant ce nom-là, qui ne doit jamais sortir de notre bouche. Maintenant j'en reviens à l'explication des cartes, mais parler me fatigue et nous avons perfectionné le dialogue. Ouvre l'œil et tais-toi.

Il me tourna le dos et je le vis manœuvrer des deux mains avec une extrême agilité.

— Tu vas voir que nous avons soigné l'électricité, mon bonhomme, étudié le fluide nerveux et su tirer parti de leur combinaison.

Et aussitôt, sur le mur qui me faisait face, je vis surgir des caractères lumineux qui apparaissaient et disparaissaient comme les traces d'une allumette chimique dans l'obscurité. Je lus ce qui suit :

« Tu t'es endormi à Senlis en face de la Nonette et tu te réveilles à Paris sans avoir changé de place, parce que Senlis et Paris ne font plus qu'un.

« Prends un grand compas et pose une de ses pointes

au centre, soit la Cité, en piquant l'épine dorsale de Notre-Dame ; ouvre l'autre branche jusqu'à Provins, trace la circonférence, et tu auras un espace parfaitement circulaire dont l'étendue équivaut à peu près à celle de l'ancienne Ile-de-France. Ce grand fromage rond s'appelle encore Paris, ou mieux la Commune. Maintenant, découpe ton fromage au moyen de douze lignes droites s'entrecroisant au centre, et tu auras vingt-quatre quartiers que l'on distingue par les lettres de l'alphabet. Un cercle, à la hauteur de l'ancien Saint-Denis, circonscrit les premiers quartiers désignés par les simples lettres ci-dessus mentionnée ; un second cercle, beaucoup plus étendu, renferme la suite des premiers quartiers, les prolongements des triangles, et ceux-là portent la lettre de l'alphabet, avec le signe ". Un troisième cercle renferme la série des quartier notés : et ainsi de suite. L'avantage de ce système est d'anéantir toute rivalité, puisque les quartiers sont d'une égalité parfaite. Les premières indications de ma carte désignent donc à l'étranger où il doit me chercher dans l'immense cité. Mais notre quartier A" est encore d'une dimension égale à celle de l'ancien Versailles, et pour s'y reconnaître il a fallu faire d'autres subdivisions. Le quartier se trouve coupé en carrés par une série de lignes à angles droits ; chacun des carrés contient une série d'ilots ou pâtés de dix maisons, et chaque maison a dix étages ; les lignes principales isolant les grands carrés sont des ruelles, et les lignes secondaires ne forment que des égouts recevant les eaux pluviales. Voilà une des raisons pour lesquelles l'air est si rare chez nous, et l'on parle même d'une augmentation de prix au Grand-Réservoir.

— Comment, malheureux! ne pus-je m'empêcher de m'écrier, vous vivez entassés dans des puits, et voilà ce que vous avez su réaliser avec vos idées de progrès, d'amélioration sociale et le reste! Plus d'air, plus de soleil, plus de santé, plus de vie! Et nous qui déplorions le sort des ouvriers de Lille et de Lyon!

— C'est vrai! c'est vrai! mais ne l'emporte pas; nous avons réponse à tout; un peu de patience. Je continue l'explication de la carte. Tu as dû comprendre que Paris ou *Cité affranchie* ou *Commune*, comme tu voudras, figure parfaitement une immense toile d'araignée coupée en vingt-quatre triangles terminés à la base par un segment de cercle; je me suis donc mal exprimé en employant le mot *carrés* pour indiquer nos pâtés de maisons; conservons-le pour la plus grande clarté du discours, et disons qu'une collection de carrés constitue une région qui, dans notre cité affranchie des travailleurs, porte le nom d'un corps de métier. Or, dans l'ancien Senlis où tu t'es endormi il y a deux cents ans, il y avait des marais exploités par les cressonniers; c'est pourquoi, comme seconde désignation, ma carte porte le mot *Cressonniers*. De même nous avons la région des Poissonniers, des Orfévres, des Avocats, des Terrassiers, des Notaires et ainsi de suite.

• Enfin, tu veux savoir pourquoi je m'appelle Joseph? Simple affaire de hasard. Comme la famille n'existe plus, il a bien fallu supprimer les noms de famille, et l'on a employé un moyen fort simple pour étiqueter les individus. Ici l'on n'a recours ni au système décimal non plus que duodécimal, ni à l'alphabet; mais on a pris l'ancien calendrier d'où, extrayant une vingtaine des noms les plus répandus comme Jean, Jacques, Charles,

Joseph, etc., etc., le Conseil central a décrété que tous les habitants du pâté H, section X, s'appelleraient Charles ou Joseph dans toutes les maisons comprises entre tel rayon et tel segment de cercle. Quant au numéro d'ordre, cela va de soi; c'est celui de la maison et de l'appartement d'un chacun. Ainsi, quand je rencontre mon voisin, je n'ai qu'à lui dire : « Bonjour, citoyen 226! » Quelle simplification pour les recherches de police, si la police existait encore ! »

Je restai quelques instants tout rêveur sans dire mot. Ce fut lui qui, abandonnant son système de télégraphie électrique et après avoir encore recouru à son flacon d'air, me parla ainsi :

— Ça t'épate, eh vieux !... mais ce n'est pas tout. Tu voulais savoir tout à l'heure pourquoi nous vivions comme des couleuvres dans le fonds d'un puits. Ce n'est cependant pas malin et je vais te dégoiser la chose en deux mots. A l'époque où tu vivais en bourgeois fainéant, t'engraissant innocemment, mais t'engraissant de la sueur du peuple, puisque tu avais ta part du capital immonde et ta part du sol sans savoir de quel droit, on avait déjà proclamé quelques principes qui ont fait un bon bout de chemin depuis lors. Nous, je veux dire nos pères, mettant ces principes en pratique, ont fait une grande révolution dont le foyer était Paris. Après des batailles dont le récit t'ennuierait, batailles terribles où les nôtres ont été écrasés comme vermine, mais pour renaître toujours plus nombreux et plus forts, appuyés sur le droit et la justice, après nombre de petites saignées qui ont eu pour résultat d'anéantir la bourgeoisie, les nôtres sont restés définitivement maîtres du terrain; alors on a fini

par s'entendre. Le travailleur affranchi s'est rendu propriétaire du capital et du sol, des matières premières du
travail, et a dit à tous ses frères du monde : Venez,
pauvres opprimés, esclaves d'une tyrannie séculaire;
venez vous jeter entre les bras du libérateur. Et il en est
venu tant et tant, tous si pleins de bonne volonté et de
bon appétit qu'il a fallu songer à trouver des *fourriers*
pour préparer les logements, puis organiser le travail,
répartir les capitaux. On s'est même entendu avec les
autres nations qui ont voulu continuer à vivre dans les
ténèbres du passé et il a été convenu que chacun s'arrangerait à sa guise. On nous a laissé faire l'application
de notre idéal de société et de gouvernement, et l'on
nous a abandonné la libre possession du terrain conquis,
c'est-à-dire ce grand fromage dont je t'ai parlé. Nous y
sommes entassés plus de quarante millions d'individus;
il faut bien se serrer un peu. Ajoute à cela que le sol a
acquis une telle valeur que, fût-il pavé d'une triple couche de pièces d'or, il n'y aurait pas de quoi le payer.
Aussi ne peut-on plus s'amuser à avoir des quais, des
squares et autres inutilités. A quoi bon d'ailleurs, puisque l'on ne se promène plus que sur les terrasses et dans
l'air avec des ballons particuliers ou les ballons-omnibus?
Nous avons supprimé le sol et de cette façon exhaussé
la surface de la terre...

Et comme je demeurais toujours aussi pensif et taciturne, Joseph continua :

— A la coloration de ton visage, à la rapidité des battements de ton cœur (dépense d'air extravagante!), je
puis savoir d'une manière précise quelles sont tes pensées; ce n'est pas sorcier. Il n'y a là qu'un phénomène
physique que je t'expliquerais si j'en avais le temps. Je

ais quelles sont les questions que tu veux m'adresser
t il y en a une bonne provision : en ce moment tu te
rouves à la fois dans ta vieille maison et dans une des
abitations modernes que je viens de décrire. Rien de
lus simple. Après avoir rasé, brûlé, saccagé l'ancien
'aris, on a rebâti les faubourgs et constitué la cité des
ravailleurs affranchis sur le plan que tu connais; l'on a
onservé les anciennes constructions qui s'adaptaient à
e plan. Voilà comme quoi tu t'es trouvé bloqué dans
on cabinet à l'instar d'un vieux crapaud dans son trou.

Comme épuisé par cet effort et le son de sa voix s'af-
aiblissant, il reprit le système télégraphique pour con-
inuer :

— Ainsi, tu vois que nos cartes contiennent les indi-
ations les plus précises; à l'aide de peu de mots, une lettre,
un numéro, le casier se trouve à l'instant. Quant à l'in-
secte qui l'occupe, il est tellement semblable à ses voisins que *l'individualité*, qui jouait chez vous un si grand
rôle, est pour ainsi dire supprimée; si bien qu'en me
voyant, tu vois toute la république.

— Ce n'est pas drôle! dis-je alors.

— Ah! s'il faut des drôleries pour amuser le bourgeois!... Mais voyons, s'il en était autrement, que de-
viendrait l'égalité? Toute *individualité* veut s'élever en
grimpant sur la tête des autres. Les nôtres sont courbées
sous le joug du niveau utilitaire et social.

— Et ta femme, la citoyenne Joséphine Cressonniers A'', numéro... je ne sais plus quoi?

— Numéro 225; ne me le fais plus répéter, car une
erreur de nom ou de chiffre te ferait tomber, quand tu
sortiras, dans le quartier des Notaires, des Avoués ou
celui des Banquiers, et tu ne pourrais plus t'en dépêtrer.

Tu vas voir toi-même ma compagne Joséphine quand huit heures sonneront; elle s'occupe du diner à la cuisine fédérale; c'est son tour de décade.

— Elle fait elle-même son diner? et si je comprends bien, elle le fait pour la communauté; vous n'avez donc pas de domestiques?

—Ah! pauvre vieux, comme tu es bien de ton village et de ton époque; tu n'as compris ce qui s'appelle rien de rien au système moderne. Je vais donc reprendre les choses de plus haut. Tu sais que nous habitons tous dans des pâtés ou îlots de dix maisons coupées en dix étages, d'où résultent cent ménages composés d'un homme, une femme et un enfant, trois personnes, ni plus ni moins; ainsi chez nous il y a trois cents Joseph ou Joséphine selon le sexe des gens. Dix pâtés constitue-ront mille familles ou trois mille personnes à nourrir. Ce soin est confié à dix femmes qui se renouvellent de dé-cade en décade, et qui, la décade expirée, passent à d'autres fonctions comme celles de couturières, repas-seuses, directrices de journaux, professeurs de philoso-phie, et beaucoup d'autres. On ne leur interdit qu'un métier et pour cause, celui d'avocat. Mais comprends une fois pour toutes qu'il n'y a plus, à proprement parler, d'occupations manuelles. Avec les machines perfection-nées ayant comme moteurs, chaleur ou électricité, on n'a qu'à toucher certains petits ressorts avec le doigt. Ainsi, forger le fer, découper le bois, décorer la façade d'un palais, couler une statue, faire un poëme, tous ces résultats sont obtenus comme un petit air de mu-sique sur une serinette; il n'y a qu'à ne pas se tromper de touche. Avoir des bons bras est donc pour nous une expression vieillie et sans nulle signification, à moins qu'il ne s'agisse du *cabestan patriotique* dont j'aurai à te parler. Tu vois que les domestiques seraient inutiles, encombrants, et dût-on leur décerner le titre de citoyens *officieux*, il n'en serait pas moins honteux pour une société fondée sur l'égalité de conserver ces anciens usages quasi-féodaux.

« Mais enfin, me diras-tu comment est constituée votre société de *Travailleurs affranchis*, puisque tel est le nom que vous adoptez?

« La base première, je l'ai déjà dit plusieurs fois, c'est l'*égalité;* voilà le grand principe, et les conséquences les voici : la propriété héréditaire étant une monstrueuse aberration des siècles barbares où le fort primait le faible, où il ne s'agissait que de naître pour s'asseoir au banquet des riches désœuvrés, a été abolie. Les affections de famille n'étant qu'un égoïsme déguisé et exposant les uns à être heureux en ménage tandis que les autres n'y trouvaient que les fagots d'épine, on a décrété l'abolition de la famille et celle du mariage, et...

— Bon ! bon ! voilà qui est logique ; mais d'où sortent les enfants ?

— On ne sait pas.

— Comment ! on ne sait pas ?...

— Mais non ; chaque citoyen doit être père d'un certain nombre de petits travailleurs affranchis, sans qu'il puisse les reconnaître ; aucun des enfants ne connaît ses parents, et la *Commune* est la mère universelle de tous. Peu de temps après ton ensevelissement, quand eut lieu cette grande victoire du travail sur le capital, on avait proclamé la liberté en amour. *Liberté*, c'était bien ; mais l'*égalité* recevait à chaque pas de rudes écorniflures, Telle femme avait dix amoureux, et sa voisine aurait fait des bassesses sans obtenir la moindre déclaration d'un vieux singe ; un homme transperçait d'un regard tous les cœurs féminins, et son frère se faisait rire au nez par toutes les femmes. Ajoute qu'avec ce système quelques reproducteurs se trouvaient seuls chargés de fournir la république, ce qui aurait fait prédominer tel type ou telle aptitude. Il a bien fallu y renoncer et soumettre l'amour à une discipline méthodique et rationnelle.

— Voyons la discipline.

— A l'âge de 21 ans, tout citoyen, à l'âge de 18, toute citoyenne, sont ou doivent être aptes au travail du repeuplement national. En conséquence, le jeune homme sortant du réservoir des adultes, dont je te parlerai, se trouve pourvu d'un logement, c'est le sort qui le lui assigne, et en même temps on lui procure un nom, puisque ce nom est attaché au logement. La même opération a lieu simultanément dans le réservoir féminin, et en même temps que logis, pâture, ouvrage, instruments de travail et état civil, l'adulte rencontre la jeune compagne qui lui est assignée par le hasard...

— Avec laquelle il lui faut vivre...

— Un an tout au juste ; l'année révolue, arrive une tournée d'inspecteurs ou censeurs chargés de colliger femmes et enfants ; les femmes sont distribuées à d'autres citoyens, d'année en année, toujours selon les chances de la loterie, jusqu'à ce qu'elles soient hors d'âge ; alors on en fait des institutrices ou des sages-femmes. Quant aux enfants on les vrrse dans le sein de la *Maternité sociale.* Ceci est simple comme toutes nos institutions ; mais il s'agit, paraît-il, de simplifier encore et l'on parle d'appliquer au repeuplement national certain système de pisciculture inventé déjà à ton époque. Le projet est à l'étude et nous n'attendons qu'un décret du Conseil central. Jusqu'à ce qu'il soit promulgué et imprimé sur nos ballons-affiches, les enfants demeurent à la *Maternité* pendant la période d'allaitement, puis ils sont confiés aux soins des ménages unis qui en sont responsables jusqu'à l'âge de sept ans. Alors la nation les reprend pour les mettre dans le réservoir n° 1, période de dégrossissement : écriture, lecture, télégraphie, calcul rapide, quelques notions historiques et géographies. On les plonge ensuite dans le réservoir n° 2, période d'accroissement où ils prennent une notion générale des arts et métiers, et enfin ils sont transvidés dans le réservoir n° 3, celui des adultes, période d'adaptation et de perfectionnent où on leur enseigne toutes les professions...

— Toutes les professions, dis-tu ? Entre le maçon et le médecin, le vidangeur et l'astronome, quelle différence y a-t-il?

— Aucune. Rétribution égale ; nous sommes aptes à tout, si bien qu'un télégramme m'avertit que je suis avocat pour la décade, égouttier ou censeur pour la décade suivante, que j'aurai à exercer la députation au Grand Conseil en attendant mon tour de cabestan. En un mot, nous devons tout faire, d'une façon médiocre il est vrai, mais notre but est d'atteindre en toute chose la moyenne normale, et grâce au nombre nos produits sont parfaits.

— Hum ! Hum ! Je ne comprends pas trop, pas plus que je ne comprends ton cabestan.

• J'ai souvent vu des matelots se livrer à cet exercice fort pénible pour tirer l'ancre ; mais puisque vous tenez la navigation aérienne, vous devez avoir supprimé la navigation aquatique.

— Pas mal raisonné, bonhomme ! aussi n'appelons-nous ainsi que par analogie et souvenir le grand instrument national. Il faut avouer que le charbon b.   , et pour l'obtenir des autres nations la Commune dépen.   sommes fabuleuses ; nous avons bien essayé de cre. notre propriété jusqu'au centre de la terre, mais en face de difficultés imprévues il a fallu s'arrêter. Ether, chloroforme et autres se raréfient, si bien que nous avons décidé qu'en nous-mêmes nous trouverions le moteur nécessaire. Jour et nuit, dans chacun des vingt-quatre quartiers du grand fromage, trente mille hommes s'attellent à des manivelles, et ils poussent, poussent, poussent devant eux tout en chantant sur l'air de *la Marseillaise* des paroles nationales qui rappellent notre émancipation. Or, la force collective produit du frottement, et du frottement sort une somme de chaleur que l'on dirige au moyen d'appareils très-ingénieux, de façon à produire des vêtements, des objets d'art ou de bons diners comme celui auquel je t'invite, car huit heures vont sonner et la citoyenne ne tardera pas.

— Diable ! diable ! m'écriai-je.

— Ni Dieu, ni diable, encore une fois ! fit Joseph d'un ton impérieux, je n'ai pas envie de payer l'amende : dix mille francs représentent une décade de travail ! Ces chiffres peuvent te sembler excessifs, mais songe à l'augmentation des denrées, et par suite à celle du salaire. Comme nous vivons bloqués ici et que les autres nations ne reçoivent que de l'argent comptant, nous avons du papier (cours forcé). On arrive même à payer en nature. Ainsi quelquefois je suis requis pour un crocodile empaillé de travail au cabestan patriotico-fraternel et je vais au réservoir du quartier acheter pour un vieux parapluie d'air respirable. Les mots que tu prononces rappellent certaines superstitions grossières avec lesquelles on a trop longtemps enchaîné les peuples, et à cet égard nos lois sont formelles.

— Soit ! je ne dirai rien ; mais je te ferai observer que votre cabestan me rappelle furieusement ces monuments d'Egypte où, avant l'affranchissement de l'humanité, l'État se payait des hécatombes d'homme pour...

— Bonsoir, citoyens ! me voilà ; j'ai obtenu du conseil fédéral des Joseph double ration pour l'ancêtre, qui doit être en appétit.

Ce disant, madame Joséphine 225 fit son entrée. Huit heures sonnaient.

La porte de mon cabinet étant tombée, je vis, sur un simple attouchement de la citoyenne, le mur où Joseph avait exercé ses talents télégraphiques s'ent'rouvrir, glisser sur lui-même comme dans les féeries, et démasquer une petite salle à manger fort propre. Sur une table, trois couverts luisants et un potage. Les mets qui se succédaient et semblaient se poser d'eux-mêmes devant nous, me parurent assez fades, et les portions étaient chichement mesurées. Comme la rapidité du service m'étonnait, Joseph murmura entre deux bouchées : — Mécanique perfectionnée ; application de l'électricité. — Nous prîmes à la fin du repas certain breuvage qui me rappela notre vieux café, suivi d'un vague souvenir d'eau-de-vie.

Je ne pouvais définir la nature exacte des mets et des boissons ; toujours est-il qu'après ce repas, je me sentis respirant plus à l'aise, tout alerte, dispos, presque gai, malgré l'étourdissement qui m'accablait depuis mon réveil.

— Phénomènes électro-chimiques, me souffla Joseph à l'oreille, Cuisine avec des éléments organiques reconstitués par la science. Galvanisation de l'estomac...

La citoyenne m'intriguait fort; elle n'avait pas prononcé deux mots pendant le repas et je n'avais jamais pu rencontrer son regard caché sous des lunettes aussi massives que celles du citoyen, mais elles étaient bleues. Son teint me parut blafard, terreux et malsain. Elle portait une sorte de *waterproof* grisâtre comme la vareuse masculine, encore était-il muni d'un grand capuchon aux bords avancés comme la coiffe d'une religieuse, si bien que le visage se perdait dans un fond ténébreux; on pouvait cependant apercevoir quelques mèches acajou saupoudrées de blanc. Je remarquai que la citoyenne était un peu voûtée comme Joseph l'était lui-même et je me dis qu'en somme j'avais affaire à une drôle de petite vieille. Et cependant quelques gestes vifs et décidés, je ne sais quoi de mutin dans l'aile du nez me faisaient penser que la citoyenne n'était peut-être pas si âgée qu'elle le paraissait! Pendant le repas elle avait mis un vase sur sa tête pour le porter dans la pièce voisine, en le soutenant des deux mains comme une caryatide grecque; elle avait lorsque je la vis disparaître, évoqué en moi une rapide vision de fraîcheur, de beauté, de jeunesse. Sous les horribles draperies du gutta-percha j'avais pressenti la cambrure des reins, la souplesse d'une taille flexible; j'avais pensé à ces gentilles pensionnaires qui se fagotent outrageusement pour jouer des rôles d'aïeules.

Joseph me comprit, car, comme il l'avait dit, ce diable de petit homme lisait toutes mes pensées.

— Ah! ah! l'ancien! fit-il en souriant, il parait que tu as été connaisseur dans ton temps, amateur peut-être, mais comme il faut que je te laisse seul avec la citoyenne, sois circonspect; je ne te parle pas pour moi, je n'ai pas le droit d'être jaloux.

Je fis un geste plein de dignité et de pudeur offensée, et je demandai à Joseph.

— Pourquoi dire que tu n'as pas le droit de protéger ton honneur conjugal? cette femme est ta compagne et possède la dignité d'épouse que l'on sauvegardait précieusement chez nous. En un mot, elle t'appartient.

—Tu te trompes, dit Joseph avec une certaine tristesse; elle appartient à l'Etat, à la Commune, si tu veux, et la Commune ne fait que me la *prêter;* en cas de détérioration ou d'accident je serais responsable du dommage causé à la nation, privée ainsi d'un de ses outils de repeuplement.

— Pourquoi donc nous quitte-t-il? demandai-je à Joséphine lorsqu'il fut sorti.

— Pour aller boire trois tasses d'une infusion débilitante, lire trois chants de la *Messiade* de Klopstock et commenter un chapitre de Hegel; les trois tasses, parce que l'on a remarqué que ses muscles se développaient outre mesure et menaçaient de franchir les limites de la moyenne permise; les lectures, parce qu'on a signalé chez lui quelques vivacités indiquant une tendance à l'esprit. Comme ici la majorité n'est pas spirituelle, on émousse les pointes de l'esprit en se frottant à l'Allemand. Veux-tu savoir autre chose? As-tu bientôt fini tes questions? c'est moi qui voudrais bien t'interroger sur le passé... Mais va donc voir si toutes les portes sont fermées... Allons donc! un peu plus de vivacité!...

Elle se mit à piroutter autour de la table en fredonnant *J'ai un pied qui r'mue... Ohé! les petits agneaux...*

— Dis donc, comment était-ce fait ces bêtes-là? Là-bas

on se passait des vieux livres de gravures en cachette, où l'on voyait bêtes et gens du monde éteint, mais c'était défendu sous prétexte que ces choses-là encrassent les rouages intellectuels ; c'est égal, je voudrais bien voir un agneau ou un cheval...

Toujours babillant et sautillant, en deux tours de main elle se débarrassa de son capuchon, de son affreux waterproof, jeta sa perruque acajou, ses lunettes bleues, secoua la poudre terreuse qui lui salissait le visage et parut, comme je l'avais deviné, dans la splendeur naïve d'une jeunesse éblouissante.

— Seriez-vous actrice, mademoiselle ? demandai-je bêtement et me sentant tout intimidé par cette subite révélation.

Elle éclata de rire.

— Oh ! *mademoiselle* est superbe ! *Mademoiselle* vaut son pesant de platine ! *Mademoiselle !...* Il fallait que tu revinsses au monde pour me faire entendre ce mot-là ; mais pas de bêtises, eh ! tu sais, mon bijou d'ancêtre !...

Ici ses yeux noirs, brillants et d'une espièglerie assassine, exprimèrent si bien la supplication mêlée de terreur, que j'en fus tout ému.

— Ah ! dame ! c'est que si quelque censeur me voyait et m'entendait, je n'en serais pas quitte pour une amende ; il faudrait disparaître.

— Disparaître, pauvre enfant ! mais quels sont donc ces terribles censeurs dont j'entends toujours parler ?

— Ce n'est personne et c'est tout le monde, il n'y a plus de sergents de ville, d'agents de police soudoyés comme autrefois ; mais une moitié de la population est employée à espionner l'autre, et la moindre infraction aux lois amène la suppression du coupable; c'est le Grand Conseil qui l'a décidé pour assurer, dit-on, la sécurité de la république.

— Et que fait-on des coupables?

— Je ne sais pas. Un soir un homme s'éclipse, le lendemain matin il est remplacé par un autre à peu près pareil qui prend le nom, le numéro, la case, et tout est dit. Ni vu, ni connu, bonsoir! Tu m'as fait rire tout à l'heure en me demandant si j'étais actrice ; oh! non, pas plus qu'autre chose, et même moins, car on a vu en moi des aptitudes spéciales pour la musique, la danse, la pantomime, et l'on a soin de m'appliquer à la cuisine et à la géométrie.

— Quel âge as-tu?

— Nous ne pouvons pas le savoir précisément ; quelque chose comme dix-huit ou vingt ans, je suppose.

— Et, pardonne cette question peut-être indiscrète, es-tu déjà mère?

— Non, mais je le serai demain matin. J'en ai reçu l'avis dans la journée ; on nous apporte de la Maternité un enfant, et s'il n'est pas bien portant je le refuse ; dame ! comme nous sommes responsables des mioches, je ne veux pas de produits avariés.

— Et il faut aimer un être qui vous est étranger, violenter vos sentiments?

— Aimer! je ne comprends pas, voilà la première fois que j'entends cela ; un vieux mot sans doute ; nous n'aimons rien, nous obéissons au Conseil; on nous confie un môme quelconque, on nous dit de le faire vivre et de le représenter bien portant ; quand arrive la râfle générale, nous remettons l'enfant contre un reçu en bonne forme. Après celui-là, un autre, et ainsi de suite.

— Mais aimes-tu Joseph ?

Je ne sais pas, je ne le connais pas ; il est comme tous les autres, à moins qu'il ne soit jeune et gentil garçon, mais par respect et crainte de la loi, probablement, il ne s'est jamais montré comme j'ai l'imprudence de le faire.

— Pauvres enfants ! pauvres enfants ! voilà donc le progrès ! Ainsi cette ignoble casaque, ces lunettes, cette perruque...

— Eh bien ! c'est l'uniforme, quoi ! [1]. A-t-on le droit d'avoir la taille mieux faite qu'une autre, d'avoir de plus beaux yeux ou une chevelure plus abondante ! D'abord, les lunettes ça se doit, parce qu'à force d'études microscopiques et d'application, à force de vivre sans soleil, la vue générale s'est affaiblie, et un beau jour on a décrété que la nation étant myope, elle porterait des lunettes. Pour nous elles doivent être colorées parce qu'il ne faut pas que l'on voie nos yeux. Quant aux cheveux, c'est toujours le même principe. Au début, il y avait dans la Commune des blonds, des roux, des noirs, des bruns. On a fondu tout cela pour obtenir la teinte acajou sombre, et comme bon nombre de citoyens commençaient à grisonner, on a saupoudré la chevelure de quelques teintes blanchâtres; c'est aussi la raison de cette courbure de l'épine dorsale qui est réglementaire chez nous. Assez bavardé comme ça, mon ancien. Demain matin Joseph est député; il te montrera la cité des travailleurs en ballon et tu assisteras à une séance de la Chambre,

---

[1] La probité littéraire m'oblige à constater que j'ai emprunté à un article humouristique d'une revue anglaise, le *Cornhill magazine,* quelques-unes des conséquences grotesques du principe égalitaire.

R. DE M.

après quoi le Grand Conseil délibérera. Quant à moi, je vais repasser ma *Théorie de la Maternité*, à l'usage du petit monstre attendu. Bonsoir, et surtout ne dis rien de ce que tu as vu.

Je ne dormis pas trop mal, et le lendemain matin Joseph m'éveilla, me fit avaler à la hâte quelques bouchées et, me précédant à travers plusieurs corridors, me conduisit au fond d'une sorte d'entonnoir au bout duquel, en levant les yeux, j'aperçus un rond bleuâtre. C'était donc le ciel, le vrai ciel du bon Dieu ; l'air quoique raréfié m'entrabienfaisant dans la poitrine et mon émotion fut si vive que tout en suivant Joseph sur les degrés d'un interminable escalier en spirale, je sentais les larmes me venir aux yeux.

— C'est encore un des avantages du système de la Commune, dit Joseph. Il est vrai que nous sommes privés d'air et de soleil, mais où serait le plaisir d'en jouir si l'abstention ne nous faisait pas apprécier leurs bienfaits ?

Cette fois, je ne pus contenir mon indignation, et comme nous allions arriver sur la terrasse et que le buste de Joseph émergeait tout entier dans l'air naturel, je m'écriai avec force :

— Misérable ! cesse de feindre ! Tu as vingt ans, ton cœur bat, tu aspires à la liberté, à la lumière, à l'amour, n fin à ce Dieu que vous avez chassé de votre absurde république !

Je crus que j'allais payer cher cette incartade, car il jeta sur moi un regard plus sombre que celui de Clytemnestre, et nous étions dans une situation telle qu'une simple impulsion m'eût précipité au fond du terrible gouffre noir. Ceci ne dura qu'une seconde. Son visage se rasséréna et ce fut avec une sorte de sourire qu'il me tendit la main pour me faire monter les dernières marches ; il me dit à l'oreille :

— Sur ta vie, plus un mot avant que nous ne soyons à 700 mètres dans les nuages !

On se représente facilement la forme générale des terrasses couronnant les pâtés de dix maisons, c'est-à-dire des carrés d'environ cent mètres de côté, bordés au pourtour d'un mur soutenant des espaliers, tandis que des plate-bandes de légumes s'allongeaient au pied des murs. Au centre, l'orifice de l'entonnoir où plongeait l'escalier que nous venions de gravir ; des arbustes s'adossaient aux cheminées de la communauté. L'uniformité de ce coup d'œil n'était rompue, de dix en dix en pâtés, que par une cheminée plus haute, comme celles de nos fabriques, et Joseph m'apprit qu'elles donnaient issue aux fumées ou vapeurs des cuisines fédérales.

— Tu vois, ajouta-t-il, que, sans perdre un pouce de terrain, nous avons exhaussé le sol, et que nos terrasses procurent un peu de dessert aux fédérés. Je n'ai pas besoin de te dire que si nous avons des cerises et des pêches en plein hiver nous les devons à la culture *géothermique*; qu'enfin la nature de la terre, soit que nous l'achetions soit, que nous la fassions nous-mêmes, est tout à fait insignifiante , grâce aux prodiges de la chimie.

Tout en parlant, il s'occupait de détacher le ballon qui devait nous transporter à l'Assemblée. Plusieurs autres de même dimension était ancrés le long du mur et des cheminées. Il me serait assez difficile de décrire ces appareils ; toujours est-il qu'ils ne rappelaient en rien ceux de notre époque. Ils avaient plutôt la forme d'une barque allongée, munie de quatre ailes minces et d'une grande étendue, affectant une sorte de ressemblance avec celle des libellules sur nos rivières.

Sans recourir à mon aide, sans se donner la peine de m'expliquer le mécanisme, que je n'eusse sans doute pas compris, faute d'études préalables, il manœuvrait avec activité, précision, et je me trouvai, quand il m'eut fait asseoir en face de lui, transporté, sans savoir comment et sans la moindre secousse, à plusieurs centaines, de mètres au-dessus de la terrasse.

— Ne te penche pas tant et tâche de ne pas bouger ; sais-tu que tu as été bien imprudent et bien bavard, tout à l'heure ? Personne n'était là, sans quoi malgré tes deux cent cinquante ans d'existence, il eût fallu perdre le goût du pain... Ah ! si Joséphine a la langue trop longue, on ne se gênera pas pour la lui couper. Mais toi-même, prends tes précautions : dans notre îlot on connaît la résurrection savante, et l'on est bien disposé en ta faveur ; mais je ne réponds pas des autres quartiers. Il y a encore des gens qui seraient bien friands du sang d'un *bourgeois*, même d'un bourgeois-phénomène, et, ma foi, ce que tu as de mieux à faire, c'est de m'imiter.

Il tira d'une petite cabine pareille à celle des patrons de barques, sous le gouvernail, un uniforme semblable au sien, y compris les lunettes et la perruque.

— Avec cela travestis-toi de ton mieux, grimes-toi, essaye de te rapetisser et de te voûter. Pas mal comme ça. Maintenant nous pouvons causer ; on ne nous entendra pas à moins que l'on ait converti les cor-beaux en mouchards. Eh bien, non, là, vrai, mon vieux, nous ne sommes pas heureux du tout, mais du tout, et, soit dit entre nous, il pourrait bien se préparer quelque coup de chien contre le président ; je ne suis pas si aujourd'hui même tu n'assisteras pas à une révolution.

— Comment cela ! une révolution ! Ah ! oui, une petite révolution pour s'entretenir la main ; je vois que vous n'avez pas oublié les anciennes rengaines. Mais qu'est-ce que c'est que votre président?

— Personne, ou presque personne ; c'est un citoyen que le sort désigne. Son nom, son individualité sont effacés, puisque le métier consiste à compter les suffrages de l'Assemblée et à transmettre au Grand Conseil les volontés nationales. Pour dissimuler encore mieux cette individualité, il a été décidé que tout président entrerait dans le paletot de M. Thiers, que la Commune a conservé en souvenir des services rendus par ce grand homme : s'il n'avait pas fusillé, déporté nos pères, comme il l'a fait, il n'aurait pas appelé sur notre cause tout l'intérêt qui s'attache aux sectes persécutées. Aussi dans la salle du Grand Conseil verras-tu son buste avec celui des personnages qui, directement ou indirectement, ont précipité le mouvement humanitaire : les grands despotes : Louis XIV, Ali-Pacha, Iwan IV, Néron et consorts, qui ont rendu la monarchie odieuse ; les Rousseau, Babœuf, Proudhon, qui ont rédigé en corps de doctrine nos griefs ignorés, nos droits méconnus ; les gens d'action ; Amasis ex-voleur, roi d'Égypte, indiquant un des premiers que le vol n'est qu'une rectification des principes, puisque les propriétaires volés étaient les premiers voleurs ; Napoléon III, contrefaçon du précédent ; Bismark un de nos plus puissants leviers... J'en passe et des meilleurs, tu verras. Les députés, leur mandat impératif en poche, sont encore bien moins importants. D'ailleurs, c'est le sort qui les désigne, et ils n'ont qu'à exprimer les vœux du quartier qu'ils représentent. Avec ce système, on croirait que tout doit marcher comme sur des roulettes; eh bien! non, quoi que l'on fasse: il y a encore des influences étrangères, occultes mais dangereuses, qui font fausser les votes. Ainsi, voilà la grosse question à l'ordre du jour : Toute la nation doit-elle être uniformément voûtée, presque bossue, comme par suite des excès du travail? Les uns disent oui, les autres non, et bien certainement les nations voisines poussent à la roue pour nous ridiculiser; le président lui-même, vieux et cassé, voudrait qu'on lui ressemblât. De là, mécontentement des gens bien faits qui prétendent constituer la majorité, et, comme je le disais, la séance sera orageuse.

— Tiens! tiens! mais quelles sont donc les autres nations dont tu me parles, et quels rapports avez-vous avec elles?

— On a remanié la carte de l'Europe, qui forme actuellement trois grandes confédérations, à savoir : *Slave*, *Germanique*, *Latine*. C'est à cette dernière qu'appartient notre cité, quoiqu'elle soit, pour ainsi dire, hors de cause, vivant de sa vie propre et sans souci des races et des origines. Mais les nécessités commerciales nous mettent en rapport avec les voisins, et le président reçoit les députations de toutes les puissances. On n'aime pas que nous fréquentions les étrangers, dont les doctrines empoisonneraient l'esprit national; je crois d'ailleurs que l'on nous rend bien la pareille, mais encore faut-il que nous écoulions le superflu de nos produits qui inondent la terre, car nous fabriquons à bon marché, et il faut aussi que nous tirions les matières premières de l'étranger.

— Vous n'avez jamais de guerre?

— La guerre! fit Joseph en haussant les épaules, mais c'est l'antipode de la démocratie. D'ailleurs, nous l'avons rendue impossible; songe donc que du haut de nos ballons, avec quelques bombes asphyxiantes et les ressources de l'électricité, chacun de nous, en posant le doigt sur une manivelle, pourrait pulvériser cinquante mille hommes.

—Mais les autres n'ont-ils pas fait les mêmes progrès?

— Ah dame! on garde ses secrets nationaux et gare aux espions! et nous sommes assez nombreux pour que l'on y regarde à deux fois avant de nous taquiner. Enfin, quel motif de guerre peut-il y avoir tant que nous restons dans nos limites en respectant les conditions du pacte européen?

— C'est vrai ; mais le reste de la France n'a donc pas adhéré à votre organisation perfectionnée du travail affranchi?

— D'abord, il n'y a plus de France, plus d'Allemagne, plus d'Italie ni d'Espagne. L'Angleterre fait comme nous ses petites affaires de son côté, brocante et vit libre en respectant la liberté d'autrui. Quant à l'ancienne France elle se divise en cinq ou six royaumes, duchés ou républiques, selon le goût de l'endroit. Ainsi, nous avons un roi régnant en Vendée et dans une partie du Midi; on le croit descendant des anciens Bourbons. Une seconde portion du Midi s'est constituée en république, et la troisième a ressuscité la royauté en Provence. En Bretagne, à force de recherches archéologiques, en piochant dans les *tumuli* et les archives locales, on a exhumé un arrière-petit-cousin du duc Judicaël, et la Bretagne veut redevenir un duché indépendant, tandis qu'un bon morceau du Nord et de l'Est reconnaît des souverains de la branche d'Orléans. Il y a beaucoup de membres de la famille Bonaparte. On a décidé qu'ils se partageraient la Corse où, paraît-il, chacun d'eux, à la tête d'une armée de dix hommes, fait la guerre à ses voisins.

« En Espagne, dont les Arabes ont le toupet de réclamer leur part, on s'est arrangé tant bien que mal. L'Allemagne est à peu près ce qu'elle était avant l'unification, et les Prussiens forment une petite peuplade sauvage au bord de la Baltique. En Italie, on a détruit l'ouvrage de Victor-Emmanuel, mais là se présentait une question fort embarrassante. Que faire du Souverain-Pontife dont la majorité des Romains eux-mêmes ne voulaient plus pour roi? On a trouvé un compromis assez ingénieux. Il a son palais du Vatican, quelques autres établissements dans d'autres villes, comme Jérusalem et Avignon, mais grâce au perfectionnement des ballons, il peut voyager sans cesse avec son cortége de cardinaux et tout son personnel, planer au-dessus des nations attachées au culte catholique romain; s'il n'a pas plus de terre à lui, le monde spirituel lui appartient, et par ce moyen, il dirige bien plus efficacement toutes les parties de son église disséminées sur la terre... »

Tout en causant ainsi, nous nous élevions de plus en plus; les grandes ailes du ballon frappaient l'air avec une rapidité incessante et nous traversions nuages sur nuages; moins habitué que mon compagnon à la raréfaction de l'air, j'en souffrais beaucoup, et je dus recourir à sa petite fiole.

— Un instant et nous arrivons. Nous voici près de Saint-Denis.

En effet, à peine avait-il fini de parler, que le ballon, glissant obliquement en descendant vers la terre, nous porta avec une rapidité vertigineuse au centre de l'ancien Paris, au-dessus de la Cité, à trois ou quatre cents mètres de terre, si bien que tous les détails se distinguaient nettement comme sur un plan en relief. Je fus ébloui et restai muet.

— Tu trouves du changement, hein? Arrêtons-nous un peu et je vais t'expliquer ce qui te paraît si extravagant : tu reconnais bien l'emplacement de votre capitale, mais il ne subsiste plus un morceau de la ville. On a commencé par tout démolir, comme je t'ai raconté, puis on a reconstruit selon les idées et les besoins de la société moderne. Le Paris central n'est plus qu'une grande plaine traversée par la Seine rectifiée et canalisée. C'est dans cette plaine que la nation peut mettre pied à terre et fouler le sol. Tu vois un certain nombre de grands monuments nationaux ; je vais te les désigner :

« 1° La Cité, où s'élevaient jadis Notre-Dame et le Palais de Justice, c'est-à-dire les témoins odieux de la superstition des peuples et de la prévarication des juges, n'est plus qu'un vaste temple; le temple du travail affranchi et glorifié. A l'intérieur, il est décoré de trois cents statues ou groupes allégoriques représentant une industrie. Le tailleur enfilant son aiguille, le cuisinier embrochant son dindon et le chirurgien son malade, etc., etc. Grandeur nature, bronze. C'est ici qu'au renouvellement de chaque décade, les citoyens viennent honorer les seules divinités reconnues chez nous : le travail dirigé par l'intelligence humaine.

« 2° Plus haut, sur l'emplacement des Tuileries, honteux monument de l'insolence des rois, s'élève la Maternité centrale, dont tu connais l'usage.

« 3° A droite et à gauche, trois grands palais de forme circulaire ; les trois Réservoirs masculins en face des trois Réservoirs féminins.

« 4° Faisant pendant à la Maternité, vois le Sénat...

— Le Sénat ! m'écriai-je stupéfait, vous avez des sénateurs ? Mais alors, pourquoi vous donner la peine de renverser tout un édifice social ?

Quelques rapides coups d'ailes nous portèrent au-dessus du palais sénatorial où le ballon demeura en planant.

— Tu n'as qu'à regarder, et tu comprendras, dit Joseph ; les augustes personnages vont se rendre à l'assemblée.

Et je vis en effet sortir lentement, majestueusement, une longue file d'hommes vêtus, non plus de la sale vareuse nationale, mais de magnifiques toges de pourpre dont la queue trainait dédaigneuse sur le sol. Quelques-uns portaient des costumes de généraux et sur leurs poitrines brillaient de magnifiques décorations de tous les ordres connus. Je ne comprenais pas encore quand, y regardant de plus près, je vis que les uns boitaient ou étaient manchots, les autres aveugles, borgnes, paralysés, et à la face hébétée de plusieurs, laissant suinter une bave immonde, je reconnus des crétins.

— Maintenant, tu comprends ; il y avait là une injustice de la nature qu'avec nos idées d'égalité nous ne pouvions tolérer. Que faire ? condamner la nation à adopter toutes ces infirmités ? Il n'y fallait pas songer. Alors on s'est dit qu'on indemniserait ces pauvres déshérités en recherchant dans les vanités du passé ce qui pouvait flatter le mieux l'amour-propre de l'homme ;

voilà. Passons au numéro 5 et dernier; c'est le plus important car c'est là que siége l'Assemblée et que résident le président et le Conseil. Ce palais occupe, comme tu le vois, presque tout l'emplacement des Champs-Élysées. Amarrons le ballon ici, mettons pied à terre, et chemin faisant, tu feras peut-être des remarques intéressantes.

Quoique j'en eusse été prévenu d'avance, j'eus quelque peine à m'empêcher de rire en voyant une foule compacte de petits hommes voûtés, grisonnants, portant des lunettes, si semblables enfin à mon guide, que si je n'eusse pris son bras je n'aurais jamais pu le reconnaître d'avec les autres. — Ne crains rien, dit Joseph avec un singulier sourire, « un *bienfait* n'est jamais perdu; » et en souriant ainsi, il semblait vouloir souligner son mauvais calembour dont j'allais si bien comprendre la signification. Tous les ballons, ailes repliées comme des sauterelles au repos, étaient accrochés aux murailles. Ces gens qui se coudoyaient pour arriver plus vite et sans ménagement se marchaient sur les pieds, ces mêmes gens s'écartaient avec respect et demeuraient inclinés sur le passage des sénateurs.

A la hauteur de l'ancien Palais de l'Industrie, une foule immense se groupait autour d'un ballon monstrueux sur lequel on lisait en lettres de quinze pieds :

LIBERTÉ. — ÉGALITÉ. — FRATERNITÉ.

Grève des Bossus !
Vivre en travaillant ou mourir en combattant!
Vive la Commune !

— V'là le coup de tampon, ça va chauffer ! dit Joseph. « Vois-tu que tous ces gens-là se tiennent droit ! » allons les rejoindre ; il est temps d'avouer que depuis bien des jours je conspire avec eux, et que je suis même un des chefs du complot. »

Et Joseph se métamorphosa comme l'avait fait la citoyenne : il se redressa tout à coup et son regard terne, atone, dépourvu d'expression, devint brillant de malice tout en révélant une détermination énergique.

— Bien, mon garçon ! dis-je en lui serrant la main, je t'aime mieux comme cela, et je suis tout prêt à te donner un coup d'épaule ; je n'ai pas oublié les barricades, alors que peuple ou bourgeois nous combattions pour la liberté, mais ici, avant de me battre, je voudrais savoir pourquoi et pour qui ?

— Tu n'es pas dégoûté, dis donc ; est-ce que les gens qui se battent savent jamais ces choses-là ? Ce sont des pantins qui obéissent aux ficelles ; mais quelles mains tiennent et dirigent les ficelles, voilà ce qu'on n'a jamais pu savoir. Moi je conspire par goût, par amour du métier ; à travers plusieurs générations de métissage il m'est sans doute resté du sang de Bellevillois dans les veines. Autrefois, on voulait détrôner un tyran. Les ennemis c'étaient les soldats, les sergents de ville, les mouchards et toute la séquelle ; on s'en prenait à tel ou tel ministre, à certains députés, mais maintenant.....

— Maintenant que vous êtes tout à la fois, ministres, députés, sergents de ville, attaquer l'État c'est vous attaquer vous-mêmes.

— Je ne dis pas non, mais si nous n'avons plus de tyrans à démolir, il faut bien nous défendre comme nous le pouvons contre la tyrannie, et la tyrannie est invisible ; cependant, obligés de nous en prendre à quelqu'un c'est le président que nous renverserons, que nous écraserons, quoique le pauvre diable n'y puisse mais, qu'il n'ait jamais songé à tyranniser qui que ce soit. Enfin, il y aura du tapage, des têtes cassées, un peu de diversion dans la monotonie de l'existence ; n'est-ce pas l'idéal du révolutionnaire ?

— Mais, vous n'avez pas d'armes ?

— Et pourquoi comptes-tu donc nos fioles, nos appareils électriques ? Il te faudrait du canon, des chassepots, comme dans vos siècles barbares ! Moins de bruit, plus de besogne, voilà notre devise ; en voilà assez pour le quart d'heure ; tu vas voir le reste par toi-même.

Au bout d'un immense boulevard se dressait la façade du gigantesque palais national, et ce boulevard était bordé d'une quadruple rangée de palmiers verts et luisants.

A cette vue, j'exprimai un certain étonnement qui n'échappa pas à la pénétration de Joseph ; répondant à ma pensée, il me dit : — Non, ne crois pas que le globe se soit réchauffé, ni qu'une inclinaison nouvelle de la terre ait déplacé ses latitudes ; l'Afrique ne s'est pas transportée à Paris.

« Comment peux-tu penser qu'avec le prix du bois on puisse se payer un tel luxe d'arbres, en admettant même que le sol put les porter ? Ces palmiers sont en zinc peint et destinés au même usage que certaines colonnettes creuses qui, de votre temps, le long des boulevards...... en même temps l'objet est agréable à l'œil. *Utile dulci;* n'est-ce pas ainsi que disaient vos pédants ? »

Réunis au groupe des gens bien faits, nous entrâmes dans l'immense salle au fond de laquelle siégeait le président entre deux hommes que Joseph me dit être le ministre de l'intérieur et le secrétaire particulier, chargés tous deux, en raison de l'âge avancé du président et de la débilité de son organe, de répéter ses paroles au public, en se servant d'un gigantesque porte-voix.

Après quelques murmures dans les groupes, des pourparlers, certaines formalités, la lecture de rapports sans intérêt, un député se levant annonça (toujours à l'aide d'un porte-voix), qu'il allait prendre la parole au nom de la députation des Bossus qui s'étaient mis en grève. (Cris à droite.)

Le président cumulant les fonctions de chef de l'État et de président de l'Assemblée, recourut d'un geste lent et solennel à sa sonnette, sans toutefois que son visage morne et pour ainsi dire pétrifié indiquât la moindre émotion.

— Quel sang-froid, rien ne le dérange ! disait on autour de moi.

Le député lut la note suivante au milieu d'un profond silence :

— « Citoyen président, et vous, citoyens membres du Grand Conseil. Nous, habitants des quartiers compris entre A" et M", régions des chapeliers, médecins, fumistes, banquiers, receveurs, etc., etc., considérant que la nature ou l'âge ne contraignent pas la majorité absolue de la nation à se tenir courbée ;

• Que l'obligation de feindre une légère infirmité est une augmentation de peine sans augmentation de salaire équivalente.

« Que d'ailleurs l'égalité n'est pas notablement lésée par la rectitude d'un grand nombre de colonnes vertébrales ; les habitants des quartiers susdits déclarent qu'ils refusent de se soumettre à l'obligation de courber légèrement l'échine, à moins que le Grand Conseil n'alloue à chacun d'eux une augmentation de paye de cent francs par jour.

« Suivent les signatures, par alphabet et numéros. »

(Clameurs furibondes à droite. Applaudissements prolongés à gauche.)

Le ministre se penche vers le président, qui prononce quelques paroles d'une voix indistincte. (Même jeu du secrétaire.)

—Citoyens,— traduit alors le ministre,—notre président vient de dire : « Citoyens, c'est toujours avec un nouveau plaisir que je vous vois prêts à soutenir le parti de l'ordre, mais réprimez un zèle exagéré, car... »

Le secrétaire, s'adressant à la gauche, reprend : « Citoyens, c'est avec regret que je vous vois soutenir le parti de l'insubordination; celui qui manque de respect aux lois... »

Mais il ne put continuer. Un groupe de frénétiques, sautant à la tribune, entoura le président et ses truchements; on entendit des gémissements, des murmures, un grand cri, enfin un singulier bruit de ferraille et celui de la chute d'un corps pesant sur les planches.

— On a assassiné le président! sauve qui peut! aux armes! vengeons-le!... Un brouhaha indescriptible, une débauche, une orgie de vociférations.

Le désordre était à son comble, des bousculades, des trépignements, des lueurs électriques, des fioles menaçantes, et des rangées d'hommes abattus et foulés aux pieds; tel était le tableau de la salle, quand un homme d'une taille herculéenne bondit à la tribune, s'en empara, s'y cramponna, et, malgré les efforts du ministre et du secrétaire, parvint à s'y maintenir. Par dix, par vingt, par trente, les petits hommes à lunettes s'accrochaient à ses bras, à ses jambes pour le précipiter à bas, mais lui, comme un sanglier secouant une grappe de chiens, les balayait autour de lui, les jetant dans la salle, les écrasant contre les tribunes; on voyait vaguement les péripéties de la lutte à travers les ondulations de la foule; enfin, demeuré seul maître du terrain, l'étranger apparut dans toute sa gloire. Moustache rasée et grande barbe rousse au menton, pardessus à doublure quadrillée, le front haut et fuyant, formant une seule ligne avec la forme du chapeau rejeté en arrière, un Américain pur sang!

Il écumait, trépignait, ployait les planches de la tribune sous ses poings formidables; saisissant un porte-voix, il cria ou plutôt beugla de manière à étouffer tous les bruits. On put l'entendre jusqu'à la porte de la Maternité.

— Je suis Jonathan-Nathaniel Simpson, citoyen des États-Unis d'Amérique (Massachussets), et je viens sommer la Cité Affranchie ou Commune, sous peine de contrainte par corps, de verser entre mes mains et sans délai la somme de huit cent mille dollars... (Oh! oh! écoutez! écoutez!) dollars qui me sont dus par ladite Commune, comme en font foi les papiers que je vais vous lire. Taisez-vous donc, vermine parisienne!

« Voici le reçu du ministre de l'intérieur : « Je recon-
« nais avoir, le 1ᵉʳ janvier de l'an 2071 (ancien style), muni
« de l'autorisation du Grand Conseil, reçu un automate,
« représentant un président de république, à l'usage de
« la Commune, lequel m'a été remis par son inventeur, le
« citoyen Jonathan-Nathaniel Simpson, des États-Unis
« d'Amérique (Massachussets), à la charge par lui de nous
« laisser seuls exploiter son brevet pendant cinq ans, au
« bout desquels on lui payera, pour confection du prési-

« dent, trois cent mille dollars, ci.......... 300,000

« Comme indemnité de brevet, cent mille, ci. 100,000

« Les intérêts de cette somme seront ser-
« vis audit Simpson pendant les cinq années
« de jouissance. »

« Et maintenant, misérables! écoutez ceci;
ce sont mes notes personnelles, vérifiées par
votre ministre, le secrétaire et votre Conseil
central :

« En juin 2072, avoir refait au président une
« côte faussée par suite d'une chute de ballon,
« cent mille dollars, ci..................... 100,000

« En juillet même année, avoir perfectionné
« le timbre de la voix quand il s'adressait à la
« gauche, quarante mille dollars, ci........ 40,000

« *Item*, avoir remanié le mécanisme de la
« main qui agitait la sonnette, soixante mille
« dollars, ci............................... 60,000

                              Total........ 600,000

« Six cent mille qui me sont dus, et croyez-vous que
deux cent mille dollars d'indemnité sont exagérés, lorsqu'il faut que je répare le président à neuf, et que mon
procédé sera ébruité... Qu'en pensez-vous?... »

A ce moment, je ressentis une assez vive douleur à la
jambe gauche, et pensant que c'était à cause d'une dé-
charge électrique, j'y portai la main et rencontrai la lame
de mon sabre de mobile qui, par suite d'un mouvement

désordonné de ma part, venait de se décrocher du mur
et de me tomber sur la jambe gauche.

Et Joseph, le vrai Joseph, me disait :
— Père, vous avez le sommeil bien dur, ce soir...

R. DE MARICOURT.

FIN.

Clicy. Imp. Paul Dupont, rue du Bac-d'Asnières, 12. (215, 2-1.)

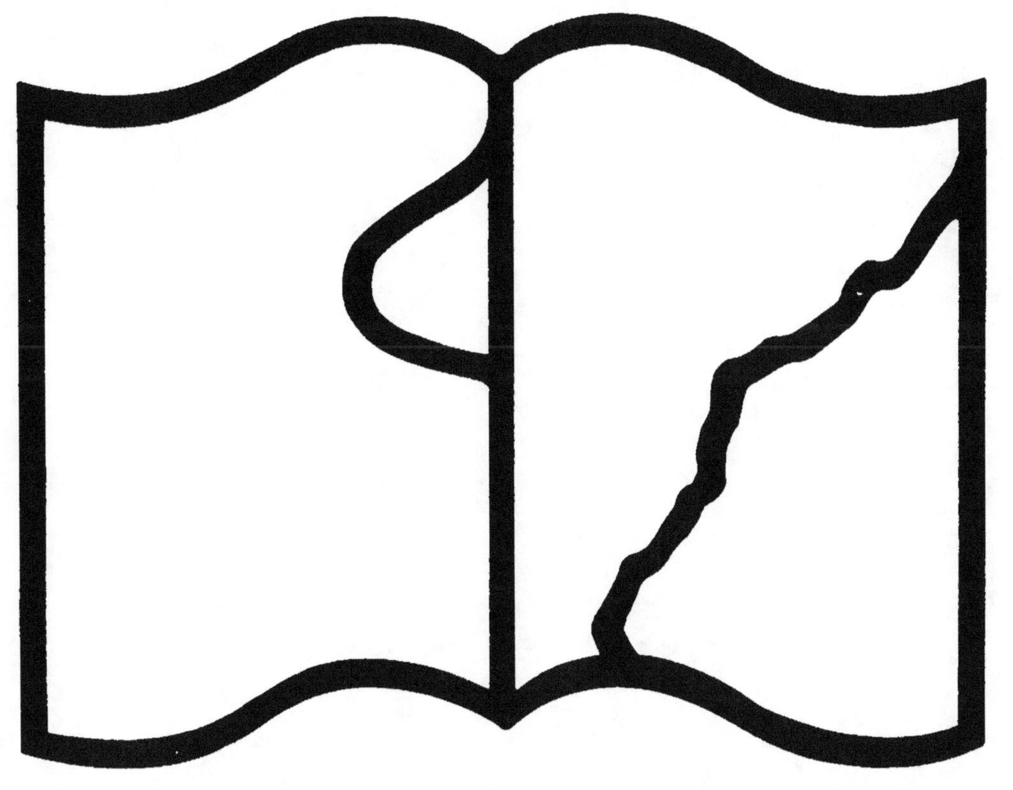

Texte détérioré — reliure défectueuse

NF Z 43-120-11